새잎의 함성

새잎의 함성

2025년 8월 20일 초판 1쇄 인쇄
2025년 8월 28일 초판 1쇄 발행

지은이 | 정사월
펴낸이 | 孫貞順
펴낸곳 | 도서출판 작가
      (03756) 서울 서대문구 북아현로6길 50
      Tel | 02)365-8111~2   Fax | 02)365-8110
      Mail | cultura@cultura.co.kr
      Homepage Address | www.cultura.co.kr
      등록번호 | 제13-630호(2000. 2. 9.)

편집 | 손희 김치성 설재원
디자인 | 오경은 이동홍
마케팅 | 박영민
관리 | 이용승

ⓒ정사월, 2025. Printed in Seoul, Korea.
ISBN 979-11-94366-90-4 03810

* 이 책의 판권은 지은이와 도서출판 작가에 있습니다.
  양측의 서면 동의 없는 무단 전제 및 복제를 금합니다.
* 잘못된 책은 구입하신 서점에서 바꾸어 드립니다.

값 15,000원

한국디카시 대표시선

30

정사월 디카시집

새잎의 함성

작가

■ 시인의 말

적당히 편승하지 않는,
옳은 길을 가고 싶은 마음을 담아
두 번째 디카시집을 내놓습니다.

살아서 100년 죽어서 100년 산다는 나무의 비결을 생각하며
늘 이 자리에 있어 보려 합니다.
지금의 저라도 충분히 대견하니까요.

2025년 8월
정사월

― 차례 ―

시인의 말

제1부

모래침상 · 14

화색이 도는 수작 · 16

정의로운 봄 · 18

벽화 · 20

화려한 밥상 · 22

꽃등 · 24

줄다리기 · 26

회춘 · 28

아프락사스를 향해 · 30

육십 즈음일까 · 32

탱고 남녀 · 34

심심꽃이 피고 · 36

길소녀 합창단 · 38

요즘 세대 · 40

낙타처럼 · 42

아뿔사 · 44

웃음과 눈물 사이 · 46

제2부

빅마우스bigmouth · 50

봄밤 · 52

까칠한 그녀 · 54

Propose · 56

어느 조각가의 사랑 · 58

알사탕 · 60

나를 보다 · 62

도전 · 64

하트 탕후루 · 66

미사여구 · 68

영감 주머니 · 70

오래된 꿈 · 72

어머니 · 74

퇴고하다 · 76

경호원 댑댑 · 78

역전逆轉 · 80

꿈을 찾아 · 82

제3부

수행修行 · 86

막 걸리죠 · 88

공친 날 · 90

삶의 현장 · 92

취준생의 꿈 · 94

귀서歸棲 · 96

떨리는 날들 · 98

우울 언저리 · 100

전이 · 102

비어버린 뇌 · 104

견지망월見指忘月 · 106

배꼽 · 108

연애편지 · 110

관측하다 · 112

바다 위 자작나무 · 114

궁의 최후 · 116

붓을 꺾지 마세요 · 118

Lost dreams · 120

제4부

계엄이라니 · 124

성역 없는 수사를 원해 · 126

꼬리 자르기 · 128

설마는 없어 · 130

비겁하게 · 132

유전무죄인가 · 134

이제는 대형 폐기물 · 136

뉴스를 대하는 자세 · 138

시위 · 140

새잎의 함성이 듣고 싶다 · 142

결정문 · 144

선거 공약空約 · 146

얕은 수 · 148

속지 마세요 · 150

학수고대鶴首苦待 · 152

링 위에 서다 · 154

멈추지 말고 · 156

묵묵하게 갈 뿐 · 158

제1부

모래침상

좌표 잃어 부서진 배
어버이의 갈비뼈

어느 쪽으로 누워도 편할 리 없다

화색이 도는 수작

누가 먼저랄 것도 없다
좋으니 끌렸겠지

두근거리는 심장을 보다

정의로운 봄

하늘 높은 것도 모른다
세상 시끄러운 것도 관심 없다

지금은 피울 때라 피워 올릴 뿐

알고 보면 제일 힘센

벽화

댓잎 난초 아니어도

일필휘지로 그려낸

봄을 여는 한 폭

화려한 밥상

굶주린 자에게 꽃은 사치다

꽃등

오늘도 땅만 보고 걷더라

기운 내라는 말도 못 하겠기에
하늘 한 번 보라는
봄밤의 이벤트

줄다리기

싸우느라 잡지 못한
줄을 머리에 이고 당긴다

심판은 하늘이다

비라도 한줄금 쏟아지면
쓸데없는 말들은 모두 떨어질 것이다

회춘

주름진 얼굴도 자꾸 웃으면
혹시 아나

향기 나는 일 생길지

아프락사스를 향해

틀을 깨고, 생을 펼쳐라
꺾이지만 말아라

저 파란 세상도
너를 기다린다

육십 즈음일까

떼로 몰려와 시끄럽다

우아함은 입었으나
목소리는 큰 나이

끝없는 자랑질에 심술이 열렸다

탱고 남녀

막이 오르고
따스한 조명이 그들을 비춘다

매혹적인 몸짓에
절제된 시선을 나누는

심심꽃이 피고

들어가 볼까
똑똑 두드려 볼까

반듯한 잠 맴도는 마당

길소녀 합창단

뜨거운 여름 다 갔으니
우리의 노래를 불러보자

가을 햇살 닮은 얼굴
목소리도 예쁘다

요즘 세대

서핑에 빠져
검색의 나래를 펴다

생각은 태그로
실행은 손가락으로 하는

낙타처럼

살아남기 위해 택했다

모진 바람 미세먼지 꼴불견까지
잘 막아주고 걸러주는 생존 필수템

아뿔사

님은 떠나고
안개만 자욱하네

간과한 것 무엇이길래

웃음과 눈물 사이

아지매들 수다 삼매경
엿듣던 벽창호 아저씨

우는 걸까, 웃는 걸까

제2부

빅마우스bigmouth

뜬소문에 붉어진 소식통
가만히 귀 닫는 오후

입이 가벼우면
눈물 나는 일이 생길 수도

봄밤

서로의 마음에 귀 기울이는
잠들기도 아까워
가슴마다 불을 켜는

까칠한 그녀

열 길 물속도 아닌
한길 속마음

이제야 알았네요, 이렇게 붉었음을

Propose

오직 그대만을 향해
번쩍
불을 켜리라

이 빛을 보거든 달려와 주오

어느 조각가의 사랑

당신을 향한 마음입니다

달을 좋아하신다기에
준비했습니다

알사탕

눈이 달콤해지는

한 알 먹으면
용기도 생길 것 같은

입이 헐어도 맛있는

나를 보다

네 노래는 너무 단순해

초짜에겐 가혹한 단언
우물 안에선 최고였는데

저 강을 건너기엔 다리가 너무 짧다

도전

높이 날 수도 뛸 수도 없지만
어쩌겠어
넘어가고 싶은데

하트 탕후루

신상 사랑 고백이야

달콤함에 빠지면
위험은 보이지 않을걸

현재만 생각해

미사여구

도와주는 척,
친한 척 자연스럽게

남의 삶에 스리슬쩍 끼어든
혹하는 말

영감 주머니

기막힌 비유를 담고 있겠지
뚝 떨어뜨려 줄 거야

잡생각들 사이
튼실한 한 문장 뽑아낼 수 있도록

오래된 꿈

괴로운 건
아무리 노력해도 안 된다는 것이다

부러움은 결핍만 부를 뿐이지만
그래도 날고 싶은

어머니

덧대고 이어진
삶의 이불

몬드리안도 뛰어넘을 구성력은
가난도 웃게 했다

퇴고하다

마디마디 라임을 맞추고

출렁이는 마음에 비트를 더하여

위트가 흐르는 문장으로

경호원 댑댑

치명적인 애교로 지켜드립니다
딱 그만큼의 거리에서 보셔야 합니다

나이 들면 더 매력적인
우리 밭 지킴이

역전逆轉

부러워만 하느라
움츠러들 때가 많았다

꺾일 시간도 없이 살아왔지만
향기를 품게 될 줄이야

꿈을 찾아

국경도 넘겠지
책임도
위험도 따르겠지

그래도 믿어줄 수밖에

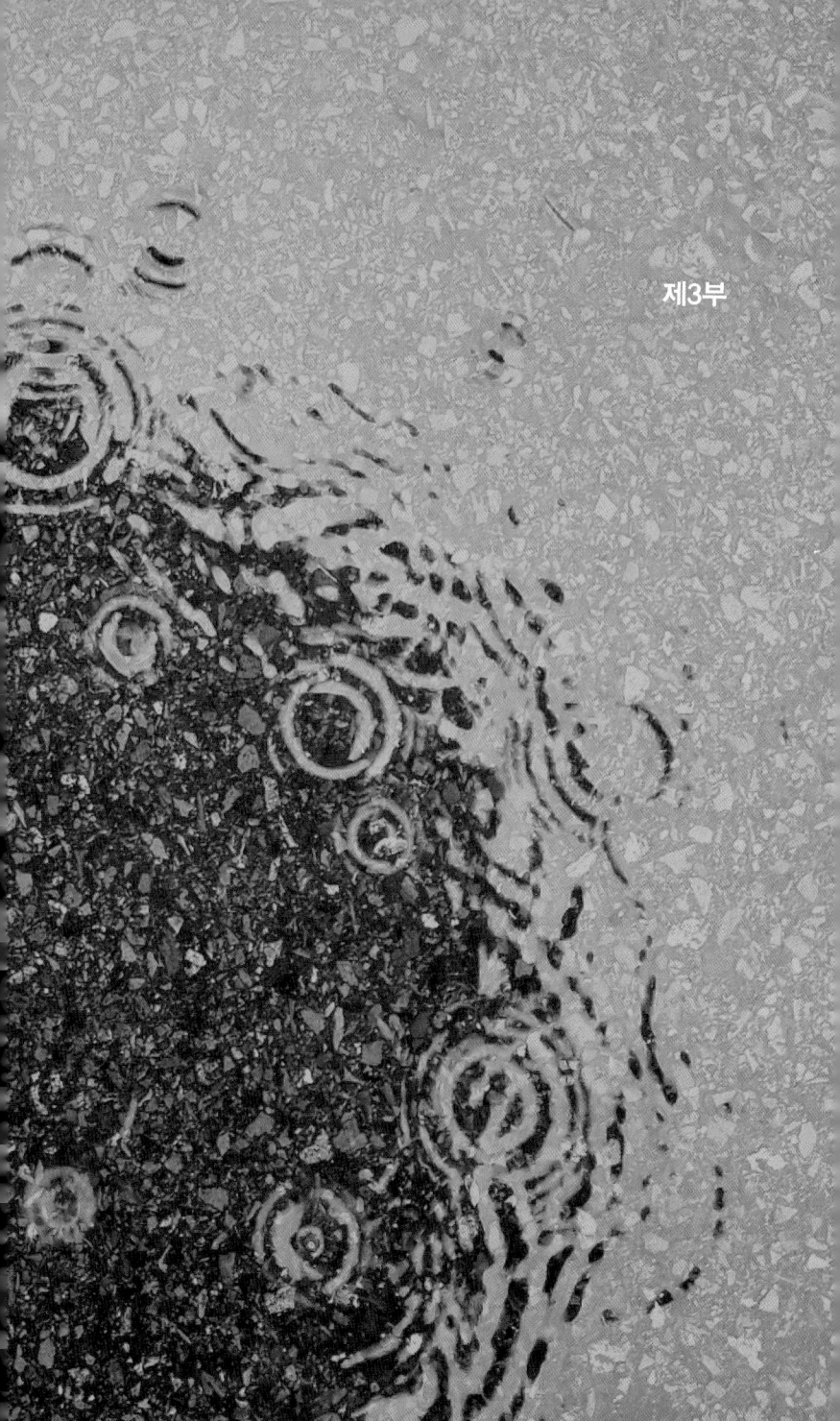

제3부

수행修行

업보를 지우러 가는 길

죄 없는 개미들의
삼보일배가 줄을 잇는다

죄지은 자의 땅이 까맣다

막 걸리죠

소리를 지르지 말걸
재촉하지 말걸

팽팽해진 마음 하나둘 내다 건다
걸린 말들을 비운다

공친 날

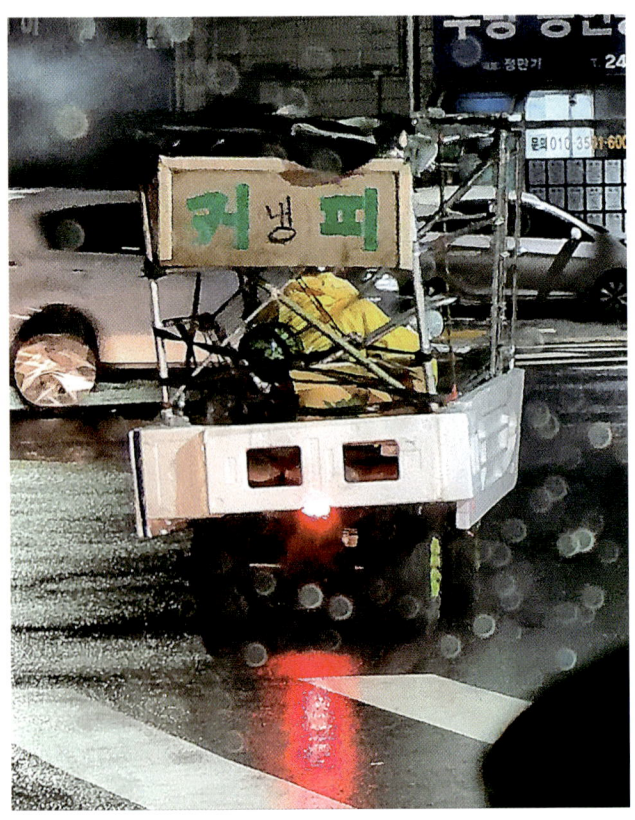

주머니가 냉랭하니
마음마저 흔들리나 보다
자꾸 브레이크가 잡힌다

내일은 맑겠지

삶의 현장

오르고 또 오른다
그게 일이고, 그래야 사니까

더 이상 움직이지 못할 땐
그땐 미련 없이 그만둬야지

취준생의 꿈

빈 이력서 생각에 하루가 멍들고

열정 넘쳤던 꿈
또 흔들린다

귀서歸棲

돌아서던
너의 눈을 보았어

모른척했지만
한참을 그렇게 서 있었지

떨리는 날들

꽃이 아니다

한껏 들떴다 사그라진 여름이다

하냥 섭섭해 울던 기억이다

우울 언저리

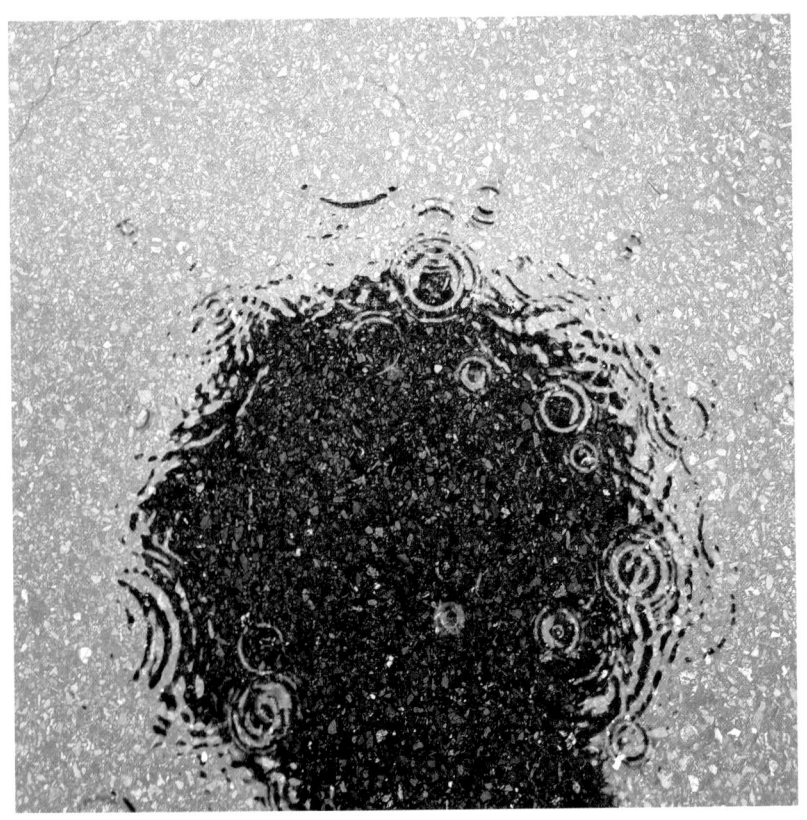

의뭉스러운 파장이 번진다

봄비에 젖은 눈과
무른 속내
잠식당하기 전에 선을 긋자

전이

맹숭맹숭했던 담벼락
재잘재잘 싱그럽다

아픈 마음에도 찾아가
푸르른 때 입혀주고 싶네

비어버린 뇌

빠져나간 이야기는
흐릿해져 가고

주인 잃은 기억
어디를 헤맬까

견지망월見指忘月

필요에 따라 달도 그려 넣는 세상
정답은 엉뚱함에 있을 수도

답을 짚어주는 손가락을 보거나
깊은 후회를 보거나

배꼽

생명의 끈이었던 기억
흩어진 나를 더듬어 연결하며
중심을 잡는다

다시 출구를 찾는다

연애편지

사랑은 고압 전류처럼 흐른다

오늘 밤
곁을 스치는 짜릿한 진심 한 조각

관측하다

모르는 자들은
반짝이는 비결을 묻겠지

흔들릴 때마다 피워 낸
특별한 너의 세계

바다 위 자작나무

정박이 길어지니
바다도 애가 탄다

눈을 감으니
등록금도 월세도 하얗게 서있다

궁의 최후

무엇을 담을 수도
품을 수도 없어 들어냈다

앓던 이 빼내듯 간단해서 서글픈

붓을 꺾지 마세요

주목받지 못하더라도
꽃을 피우지 못하더라도

다음 이야기 궁금하니까요

Lost dreams

울퉁불퉁한 길에서
잠시 벗어 둔

지금은
맞지 않는 구두 같은

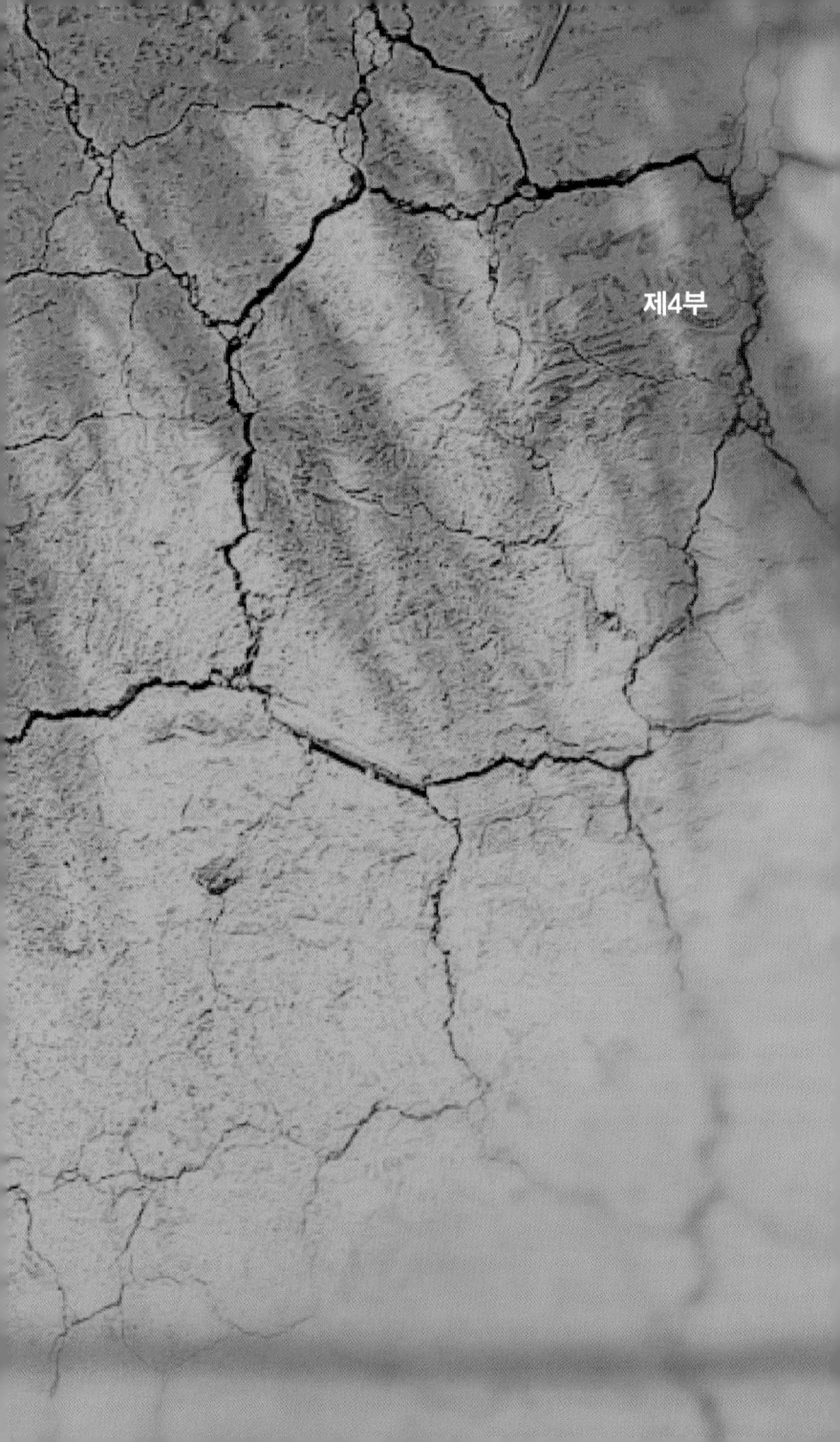

제4부

계엄이라니

차갑게 곤두선 미래를
붙잡기 위해

움직여야 했다

총보다 강력한 한 방 발언에
우리의 페이지는 비어가고

성역 없는 수사를 원해

하나둘 떠오르는 뻔뻔스러운 민낯

거짓말은 잠수를 못해

꼬리 자르기

독박 쓸까 봐

빠져나가기에 바쁘다

기어가는 꼴이 생쥐 같군

설마는 없어

수많은 눈이
너를 향하고 있다는 걸
잊으면 어떻게 되는지 알지

비겁하게

그렇게 숨는다고 안 보일까
같아 보여도 같지 않아

거짓말도 그래
괜히 머리 굴리지 마

유전무죄인가

큰 놈은 어디 가고
자잘한 놈들만 줄줄이 따라 나오네

모래알처럼 많은 눈
무서운 줄은 알아야 할 텐데

이제는 대형 폐기물

두꺼워진 낯짝은 부끄러움도 모르고

번지르르하던 날의 모의謀議는
밝혀질수록 놀랍다

뉴스를 대하는 자세

돌아앉은 모양은 벽면 수행 중
두문불출하고 내공을 쌓는 중

대쪽 같은 성격 들킬까 봐
안 보고 안 들을란다

시위

남녀노소 없이 들끓는 애국
우리도 나서야겠어

봄은 아직 멀었는가

새잎의 함성이 듣고 싶다

혼돈은 실직자를
무기력은 절망을 낳는다

붙잡을 힘도 없지만
눈물도 나지 않지만

결정문

익을 때가 된 것 같은데
꺼내주지 않는다

뜸을 너무 들이면
속이 터져 버릴지도 모를

선거 공약空約

빨간 입
더 빨간 입

어느 입으로 거짓말을 하면
들키지 않고 잘할까

얕은 수

겉만 번지르르
포퓰리즘 발언

몸통은 숨겼지만
다 보인다

속지 마세요

주름도 가리고
속셈 가득한 눈도 가려볼까 하여
앞머리를 내려보았습니다

찍어주세요

학수고대鶴首苦待

마침내 얻어낸 화답이다

크게 웃자
환한 봄을 맞자

링 위에 서다

공이 울리고 결투가 시작됐다

불주먹 한 방
시원하게 날릴 때까지
후퇴는 없다

멈추지 말고

매서운 바람 앞에서도

빛나는

그때가 좋을 때다

묵묵하게 갈 뿐

더딘 발자국의 힘이
때로는 성공의 서사가 되기도 하지

밟히지 않기 위한 비법은 없다

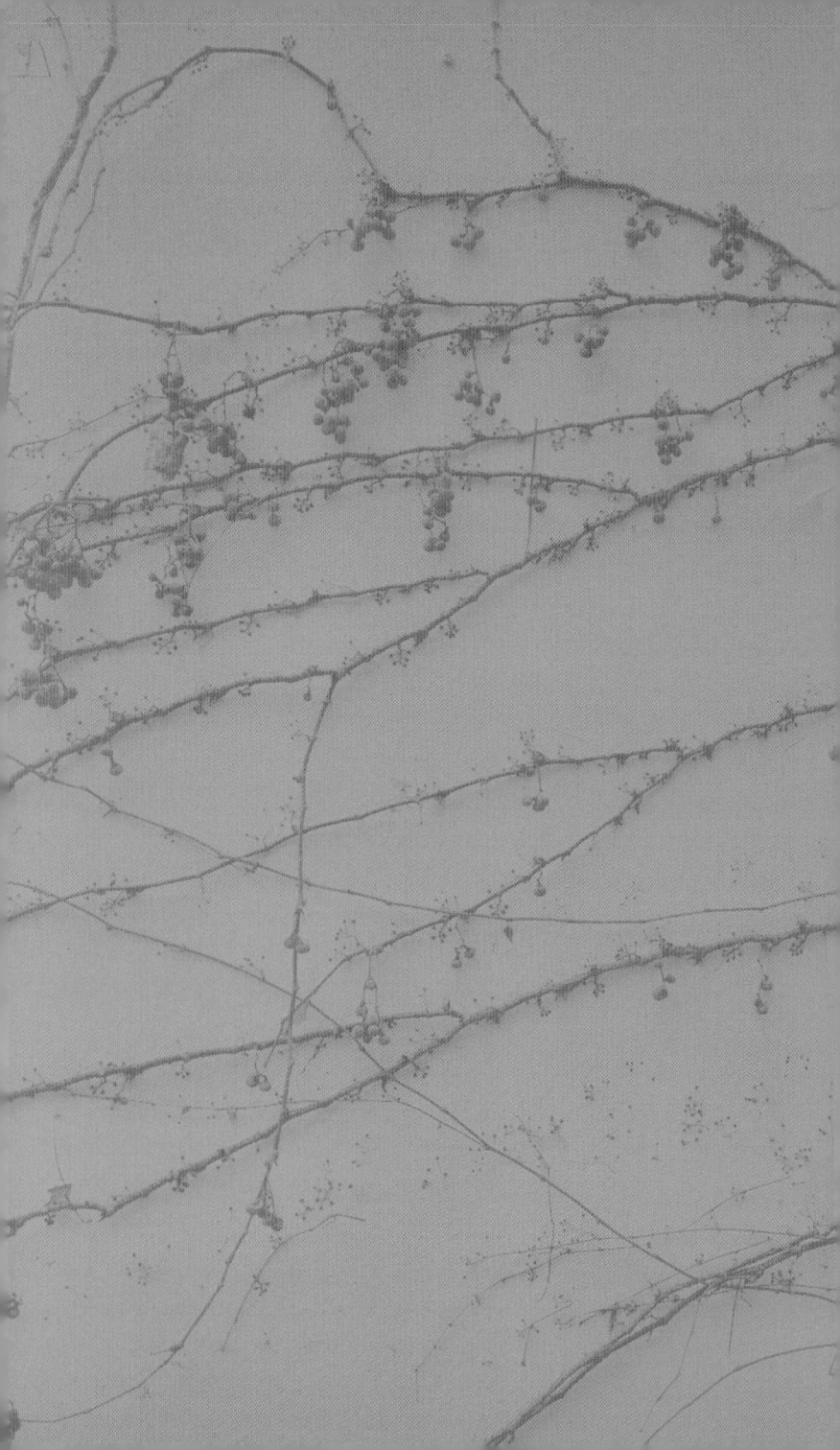